La mayoría de los dinosaurios eran herbívoros...

... pero algunos tenían dientes grandes y afilados y comían carne.

¡Los pájaros vienen de los dinosaurios!

Papel certificado por el Forest Stewardship Council®

MIXTO
Papel | Apoyando la silvicultura responsable
FSC® C117695

Penguin Random House Grupo Editorial

Título original: *Hello World! Dinosaurs*

Primera edición: febrero de 2026

Printed in Spain – Impreso en España

ISBN: 978-84-272-5173-1
Depósito legal: B-21.354-2025

Compuesto por Miguel Ángel Mazón Studio

Impreso en Gómez Aparicio, S. L.
Casarrubuelos (Madrid)

MO 51731

Jill McDonald

¡HOLA, MUNDO!

DINOSAURIOS

Traducción de
Montse Triviño

serres

Hace mucho tiempo, los dinosaurios poblaban la tierra
Apatosaurio

Hoy puedes ver sus huesos

¡en los museos!

Los paleontólogos buscan huesos de dinosaurio

* Un paleontólogo es un científico que estudia los fósiles.

¡y luego los montan
como si fuera un puzle!

Algunos dinosaurios eran muy grandes, como el **apatosaurio**.

Tenía el cuello tan largo ¡que

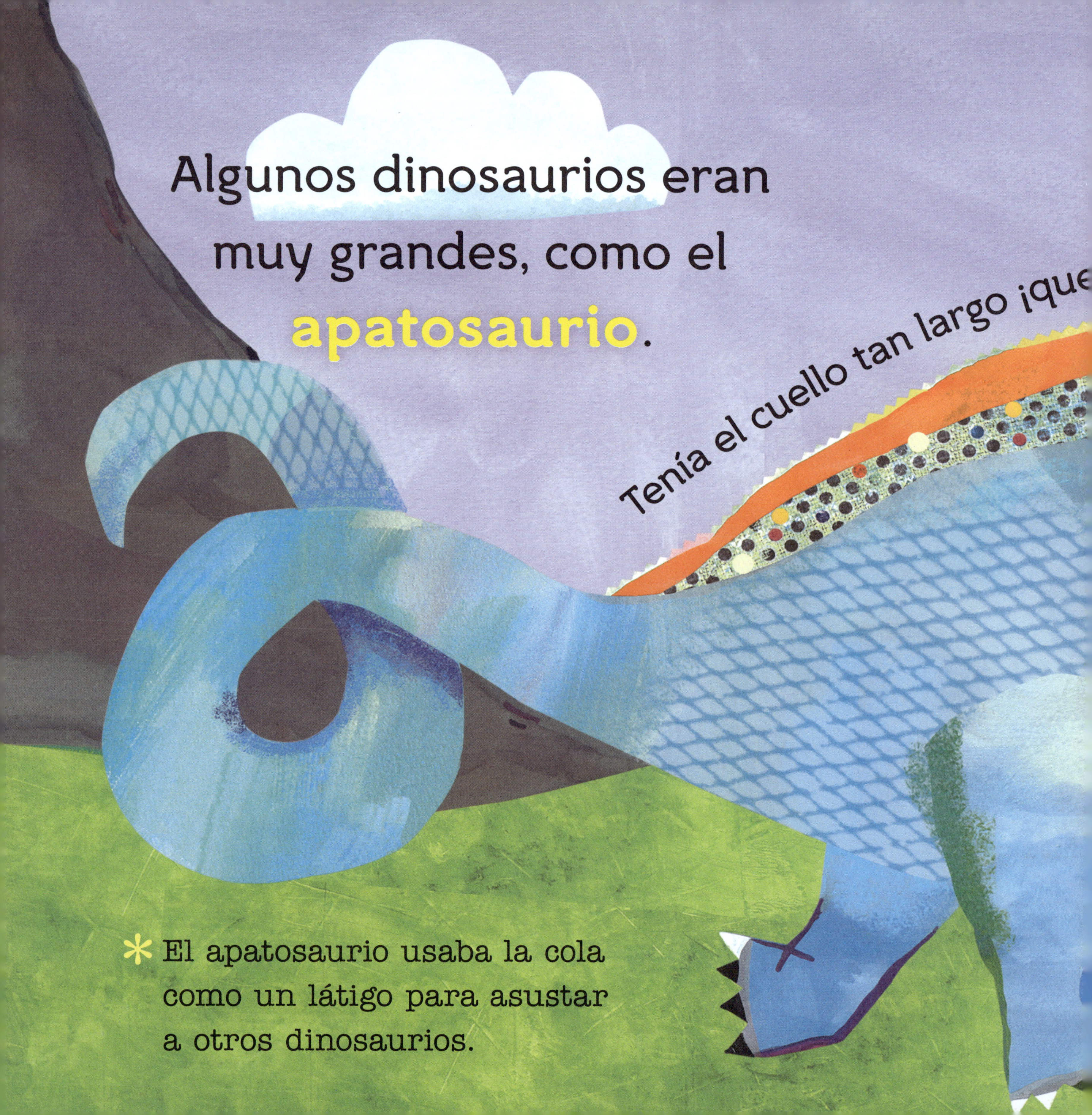

* El apatosaurio usaba la cola como un látigo para asustar a otros dinosaurios.

legaba a las copas de los árboles!

Otros dinosaurios eran pequeños, como el **Compsognathus**. ¡Tenía el tamaño de una gallina!

* El Compsognathus era pequeño, ¡pero tan rápido que siempre huía de enemigos más grandes!

El **tricerátops** era un dinosaurio muy grande. Tenía tres cuernos que usaba para defenderse.

* El tricerátops
tenía cientos de dientes.
Cuando se le gastaban,
le salían otros nuevos.

Este dinosaurio lento y que parece que lleva una armadura se llama **anquilosaurio**.

* El anquilosaurio usaba su cola en forma de mazo para defenderse.

¡El **velocirraptor** era un dinosaurio

¡Fiu!

muy pequeño y rápido!

* ¡Este dinosaurio tenía plumas!

El **estegosaurio** tenía placas triangulares en el lomo.

¿Te has fijado en las púas de la cola?

* Estegosaurio significa «lagarto con techo».

¡El tiranosaurio rex era temible!

Su enorme cabeza, sus dientes afilados y sus fuertes patas lo convertían en uno de los dinosaurios carnívoros más temidos.

* El t. rex tenía los brazos muy cortos, pero el cuerpo muy grande.

El **iguanodonte** era herbívoro.

Eso significa que no comía carne, sino plantas.

* ¿Ves ese pincho grande que tiene en el pulgar? Lo usaba para abrir frutos y semillas. ¡También para asustar a sus enemigos!

¿De dónde venían los dinosaurios?

Las crías de dinosaurio nacían de los huevos que sus mamás ponían en un nido.

* Los dinosaurios excavaban sus nidos en la tierra o los construían con barro.

Ahora que sabes más cosas sobre los dinosaurios,

¿te atreves a rugir como ellos?

¡GRRR!

¿SABÍAS QUE...?

Los dinosaurios vivieron hace muuucho tiempo, antes incluso de que existieran los humanos.

Algunos dinosaurios andaban a dos patas, tenían los brazos pequeños y una cola larga y gruesa.

Otros andaban a cuatro patas, como los tricerátops.